LOS NIÑOS Y LA CIENCIA

# GRANDES y Pequeños

Aaron Carr

SPANISH & ENGLISH eBOOKS
AV2
BY WEIGL
ADDED VALUE • AUDIO VISUAL

www.av2books.com

SPANISH & ENGLISH eBOOKS
AV2
BY WEIGL™
ADDED VALUE • AUDIO VISUAL

Go to **www.av2books.com**, and enter this book's unique code.

BOOK CODE

**Y464274**

**AV² by Weigl** brings you media enhanced books that support active learning.

**This AV² media enhanced book gives you a fully bilingual experience between English and Spanish to learn the vocabulary of both languages.**

Big and Small

English

Grandes y Pequeños

Spanish

## AV² Bilingual Navigation

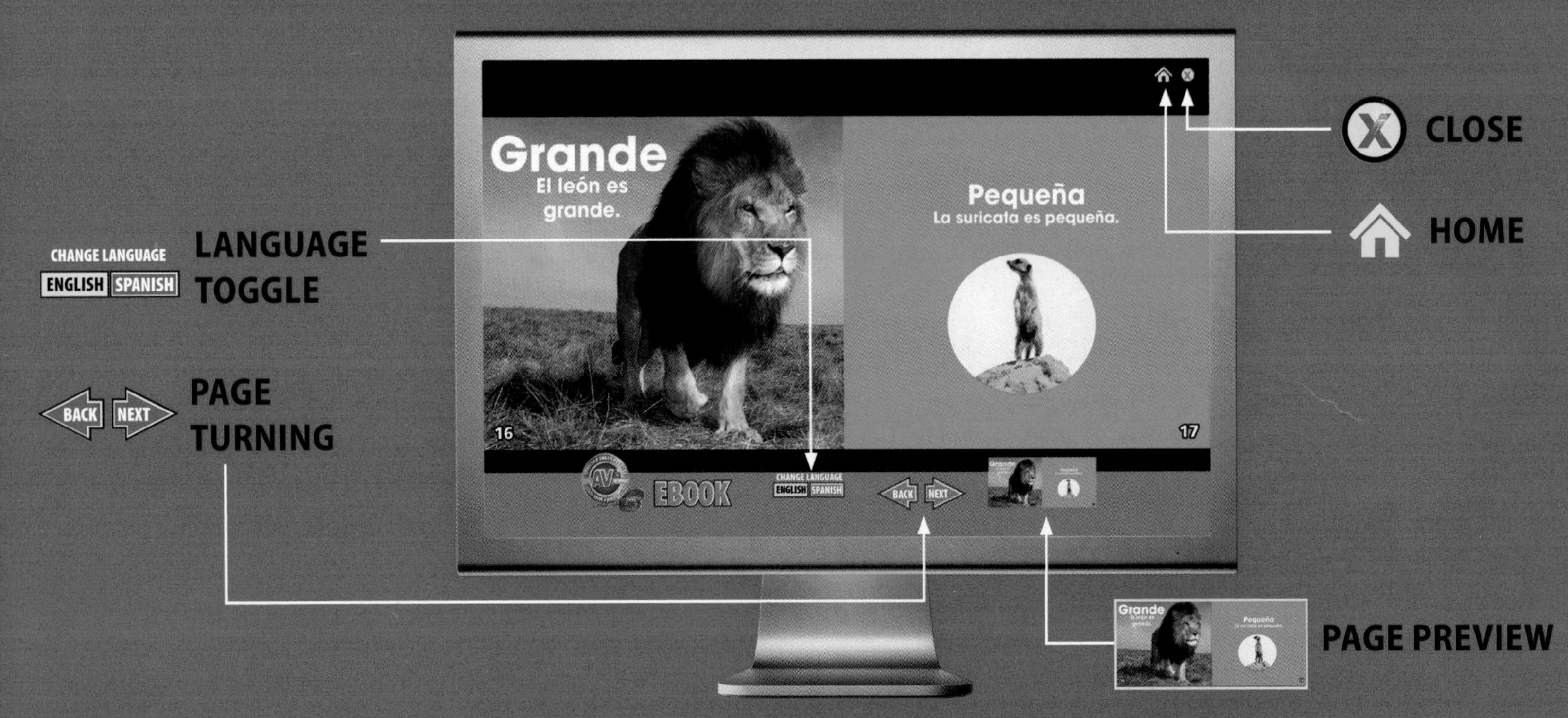
CLOSE
HOME
CHANGE LANGUAGE
ENGLISH SPANISH
LANGUAGE TOGGLE
BACK NEXT
PAGE TURNING
PAGE PREVIEW
Grande
El león es grande.
Pequeña
La suricata es pequeña.
16
17
EBOOK

# GRANDES y Pequeños

## CONTENIDO


2 Código del libro AV²
4 Grande
6 Más grande
8 El más grande
10 Pequeño
12 Más pequeño
14 El más pequeño
16 Grandes y pequeños
18 Más grande y más pequeño
20 Del más grande al más pequeño
22 ¿Grande o pequeño?
24 Lista de palabras

# Grande

El hipopótamo es grande.

Más grande

El elefante es más grande.

# El más grande

La ballena es
la más grande.

# Pequeño

El ratón es pequeño.

# Más pequeño

El pececito de colores es más pequeño.

# El más pequeño

La abeja es la más
pequeña.

# Grande

El león es
grande.

# Pequeña

La suricata es pequeña.

# Más grande

El oso polar es más grande que el zorro.

# Más pequeño

El zorro es más pequeño
que el oso polar.

# El más grande

# Más grande

La ballena es la más grande.

Grande

Pequeño

Más pequeño

El más pequeño

La abeja es la más pequeña.

¿Cuáles de estos animales son pequeños? ¿Cuáles son grandes? ¿Puedes hacer una lista de los animales desde el más pequeño al más grande?

Published by AV² by Weigl
350 5th Avenue, 59th Floor New York, NY 10118
Website: www.av2books.com www.weigl.com





Library of Congress Cataloging-in-Publication Data

Carr, Aaron.
[Big and small. Spanish]
Grandes y pequeño / Aaron Carr.
p. cm. -- (Los niños y la ciencia)
ISBN 978-1-61913-205-4 (hbk. : alk. paper)
1. Size perception--Juvenile literature. 2. Size judgment--Juvenile literature. I. Title.
BF299.S5C3718 2012
153.7'52--dc23
2012018281

Printed in the United States of America in North Mankato, Minnesota
1 2 3 4 5 6 7 8 9 0 16 15 14 13 12

062012
WEP100612

Senior Editor: Heather Kissock
Art Director: Terry Paulhus

Weigl acknowledges Getty Images as the primary image supplier for this title.